Carlos Roig Aviñó

APULEYO EDICIONES   FOMENTO DE VALORES   CUENTOS ILUSTRADOS

Azulete en la granja

APULEYO EDICIONES   FOMENTO DE VALORES   CUENTOS ILUSTRADOS

—Buenos días, Azulete —dice Arañita desde su rincón.

—Muy buenos días —responde el gatito por la mañana.

—¿Qué tal has dormido hoy, amigo? —pregunta curiosa la araña.

—La verdad es que muy bien —contesta el gato azul de forma alegre.

—Mira, Azulete, por ahí viene el coyote canoso.

—¿Coyote canoso? Arañita, es un zorro ártico, por eso es todo blanco, para camuflarse en la nieve.

—Pero es muy soso, solo es blanco —comenta Arañita, mientras se tapa los ocho ojos con dos de sus patitas.

—Eso no importa, querida amiga —anuncia Azulete con desespero—. Es un zorro muy bueno. No tiene miedo de nada.

—Da igual, es un bicho muy raro —responde Arañita sin siquiera mirarlo.

—¿Alguna vez has hablado con él, amiga mía?

Arañita se da cuenta de que el gatito tiene razón, nunca ha hablado con el zorro.

—¿Y qué te parece el chucho ese amarillo que siempre anda junto al granjero? —Trata Arañita de cambiar de tema.

—¿Tampoco te gusta Groquet? Es un perrete amarillo. Es un fiel compañero, nunca ha traicionado a nadie. Es muy amigo de todos. Muy educado y valiente. Dicen que es el único que ha salido de la granja. —Defiende el gato azul a su amigo perruno.

—No te fíes, Azulete, cualquier día te morderá. —Trata de convencerlo la araña.

—¿Por qué dices eso, Arañita?

—Míralo ahí tirado, tan viejo y delgado, seguro que pasa mucha hambre. Y por supuesto tiene pulgas. —Se ríe Arañita.

—Pero, Arañita, ¿qué te pasa con los animalitos? Ellos también te ven extraña, con tantas patitas peluditas, con tantos ojos y tan…verde —responde Azulete, un poco decepcionado con su amiga—. Míranos, tú y yo somos muy distintos. Tú tan verde y yo tan azul; yo llevo gafas y tú tienes ocho ojos… Y siempre hemos sido amigos.

—Pe-pe-ro tú y yo nos conocemos desde siempre, Azulete —dice Arañita muerta de vergüenza.

—Tú no los conoces porque no quieres. Ni siquiera los saludas por las mañanas, los miras mal y, sobre todo, opinas mal de ellos. —Azulete se impacienta al ver que su amiga no entra en razón.

El gatito azul invita a Arañita a subir a su cabeza y se preparan para dar un paseo por el prado.

Se alejan del establo donde duermen. Zorrete les sigue sigiloso, sin hacer ruido, a una distancia prudencial. Azulete empieza a olfatear unas plantas justo en una zona donde hay muchos agujeros en el suelo. Con tranquilidad, el gatito va comiendo cada brizna de hierba mientras arañita canta feliz sobre su cabeza.

De pronto, un malvado topo que estaba escondido en uno de los agujeros salta con la intención de comerse a la araña.

—A por ellaaaaaa —grita el topo mientras salta sobre la cabeza de Azulete.

Pero en ese momento, el zorro ártico se adelanta y salta sobre el topo. Lo derriba haciendo que el malvado roedor se esconda de nuevo en su agujero.

Azulete, que estaba confiado, se pone nervioso y está a punto de caerse. Arañita se ha hecho una bolita, sus ocho patas rodean su cuerpo. El zorrito se pasea delante de ellos orgulloso, sacando pecho y con la cola bien alta.

—Muchas gracias, Zorrete, nos has salvado a los dos —dice Azulete todavía asustado—. ¿Qué se dice ahora, Arañita?

—¿Mu-muchas gra-gracias? —dice la araña dudando de lo que tiene que decir.

—¿Lo ves, amiga mía? El zorro te ha salvado del malvado topo. Es todo blanco, pero te ha salvado.

—Tienes razón, Azulete, si no llega a ser por él, hubiese acabado en ese agujero. ¡Muchas gracias, Zorrete! —grita la araña dirigiéndose al zorro ártico.

Mientras vuelven al establo, Azulete pregunta a Arañita:

—¿Te acuerdas del otro día? ¿Cuando entró el granjero con la escoba en la mano?

—Sí, quería deshacer mi casa, romper mi tela y dejarme sin sitio para dormir —responde con pena la araña.

—¿Recuerdas qué pasó después?

—Sí, que Groguet se puso a jugar con el granjero y este al final se olvidó de la escoba y de mi rincón —dice la araña avergonzada.

—Si no llega a ser por él… —Azulete deja la frase a medias para que Arañita la piense.

—Sí, tienes razón, amigo. Ellos me han salvado dos veces, y yo he sido tan desagradecida… Ahora me siento mal, me muero de vergüenza, pero si no llega a ser por ellos… —Arañita empieza a llorar por los ocho ojos a la vez.

—¿Ves, querida amiga? Aquí cada uno es de una especie, unos más grandes que otros, unas con más patas que otros, algunos cazamos ratones, otras dan leche, otros labran la tierra… y entre todos hacemos que la granja funcione.

—Pero yo no hago nada, Azulete, no sirvo para nada. —Sigue llorando la araña.

—Claro que sirves. Tú atrapas en tu tela a los mosquitos que nos pican, y a las moscas pesadas que se nos meten hasta en los ojos. —El gatito azul trata de animar a Arañita—. Haces mucho más de lo que te piensas. Eres una de los nuestros. Y nunca nadie te ha hablado mal, ni ha pensado mal de ti. Ocupas tu lugar y haces tu función.

—¿De verdad, Azulete? ¿Me consideráis una más?

—Pues claro, Arañita.

—La verdad, Azulete, es que me he portado mal con Zorrete y Croquet. A partir de ahora me llevaré bien con ellos, los saludaré por la mañana, les daré conversación.

—A ellos y también a los caballitos, a los cerditos y a todos los animalitos de la granja. Al fin y al cabo, todos somos igual de importantes en la granja. Nadie vale menos por el color de su pelo, por la longitud de sus patitas, por el tipo de sonido que hace... ¡Todos somos iguales! ¡Iguales! ¡Todos iguales!

©Carlos Roig Aviñó (de la obra)
©Apuleyo Ediciones (de esta edición)
Primera edición en Apuleyo Ediciones: febrero 2025
Diseño de cubierta: Alejandro Rosas
Corrección: Aitor Andreu Guerrero
Maquetación: Alejandro Rosas
Ilustraciones: María Trigueros Pérez
Coordinación editorial: Isidoro Cidre González
info@apuleyoediciones.com
www.apuleyoediciones.com
ISBN: 978-84-1060-458-2
Depósito legal: H-676-2024

Hecho e impreso en España.

www.carlosroigescribe.es

Azulete en la granja

APULEYO EDICIONES   FOMENTO DE VALORES   CUENTOS ILUSTRADOS

Carlos Roig Aviñó

APULEYO EDICIONES   FOMENTO DE VALORES   CUENTOS ILUSTRADOS